Olesja Silkina

Zwischen Job und Gesundheit

Deine Krise ist dein persönliches Wachstum!

Mobbing am Arbeitsplatz

Mobbing ist eine seelische Misshandlung.

Der Mobber überschreitet eine unsichtbare, sehr persönliche Grenze des Mobbingopfers und betritt das Terrain der versteckten Schwächen.

Mobbing ist nichts anderes, als auf Schwächere mit Fäusten einzuschlagen.

© 2023 Olesja Silkina
Herstellung und Verlag:
BoD – Books on Demand,
Norderstedt
ISBN: 9783758314827

Olesja Silkina

Zwischen Job und Gesundheit

Deine Krise ist dein persönliches Wachstum!

Auch wenn dein Weg voller Stolpersteine ist, hebe sie hoch, schiebe sie beiseite, werde stark und gehe weiter.

Liebe Leserin, lieber Leser,

es freut mich, dass Sie sich für dieses Buch entschieden haben.

Dieses Buch ist entstanden, weil mich das Thema *Mobbing am Arbeitsplatz* persönlich begleitet hat. Immer wieder hört man darüber und erlebt diese unangenehmen Zustände. In Zeiten des Wandels nicht nur in der Arbeitswelt muss darauf geachtet werden, welche Rolle man selbst bei dem ganzen Geschehen einnimmt. In diesem Buch gebe ich Ihnen ein paar Instrumente an die Hand, um Ihre eigene Rolle zu erkennen und sich zu verändern. Ihr persönliches Wachstum und eine neue Sichtweise der Situation werden Ihnen neue Horizonte in Ihrem Leben eröffnen.

Ich wünsche Ihnen viel Spaß dabei.

Inhaltsverzeichnis

<u>TEIL 1</u>

- Definition Mobbing
- Mobbing am Arbeitsplatz
- Mobbingarten
- Mobbingphasen
- Mögliche Ursachen
  - Toxische Unternehmenskultur
  - Toxische Beziehungen unter Kollegen und Führungskräften
- Konsequenzen für das Mobbingopfer
- Was kann man selbst dagegen tun?

<u>TEIL 2</u>

- Krise als Chance nutzen, um persönlich zu wachsen
- Gesetze des Universums
- Fallbeispiele

TEIL 1

Definition Mobbing

Mobbing bedeutet, dass jemand am Arbeitsplatz **systematisch** und über einen **längeren Zeitraum** schikaniert, drangsaliert, benachteiligt und ausgegrenzt wird.

Mobbing kann z.B. erfolgen in der Familie, in einer Peergroup, in der Schule, am Arbeitsplatz, in Vereinen, in Wohneinrichtungen (Heimen) oder Gefängnissen, in Wohnumfeldern (Nachbarschaften) oder im Internet (Cyber-Mobbing).

Auszug aus dem Mobbing-Report der baua.

<u>Mobbing am Arbeitsplatz</u>

Am Arbeitsplatz wird zwischen Mobbing seitens Vorgesetzter und solchem, das von Mitarbeitern gleicher oder unterer Rangfolge ausgeht, unterschieden.

- **Staffing**

- **Bossing**

Zu den typischen Handlungen gehören:

- Lästereien hinter dem Rücken
- Demütigungen
- Diskriminierungen
- Sexuelle Belästigung
- Vorenthalten wichtiger Informationen
- Unnötige Arbeitskontrollen
- Schlechte Kritik einer guten Arbeitsleistung
- Grundlose Einforderung von Erklärungen

Auf der Arbeitsebene sind meistens Männer von grundloser, negativer Kritik betroffen. Frauen werden oft auf der sozialen Ebene gedemütigt.

Sämtliche Institutionen beschäftigen sich bereits seit Jahrzehnten mit dem Phänomen „Mobbing am Arbeitsplatz", um Arbeitgebern die Situation transparent darzustellen.

Die Universität Würzburg hat Mobbing vor einigen Jahren untersucht und Betroffene dazu befragt. Die Betroffenen gaben an:

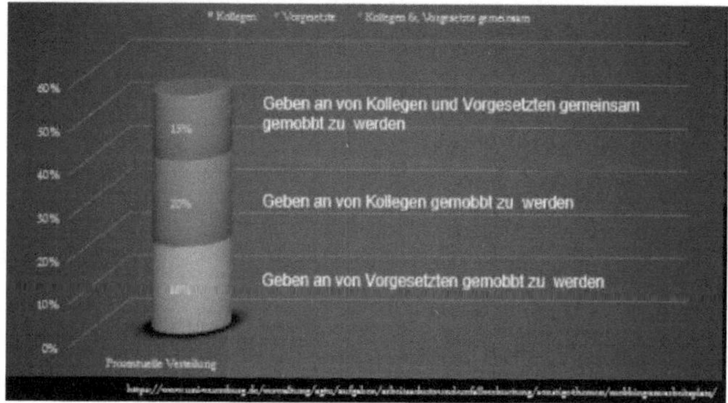

Zudem hat Statista herausgefunden, dass zum Glück 53% der Arbeitnehmenden keine Erfahrung mit Mobbing hatten. Dennoch gaben 29% der Befragten an, bereits gemobbt worden zu sein.

Diese Zahl ist immer noch viel zu hoch, vor allem wenn wir überzeugt sind, dass wir eine tolerante Gesellschaft sind.

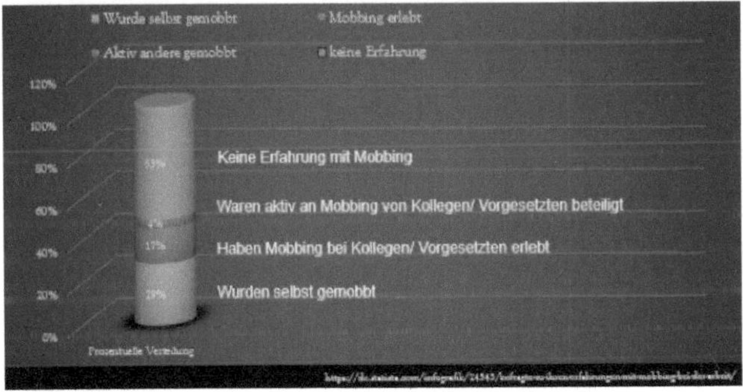

Es ist auch noch interessant zu sehen, dass die meisten Mobbingaktionen face-to-face stattfinden, um die Beweislast gering oder gar unmöglich zu halten.

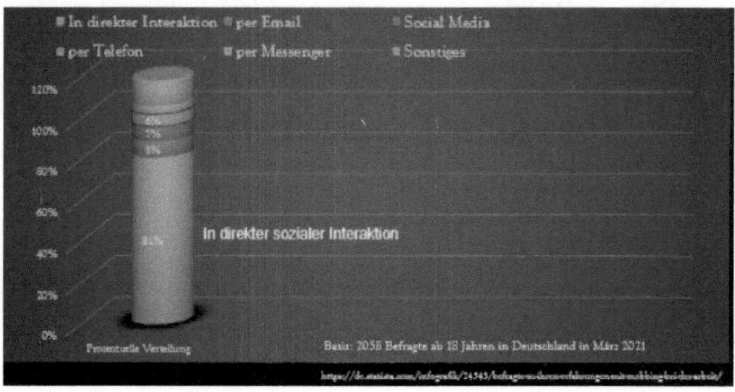

<u>Mobbingarten</u>

Mobbing kann auf zwei Arten passieren – als *System*, das bedeutet, dass es einen Täter und ein Opfer gibt und zusätzlich noch weitere Teilnehmer wie Mitläufer, Zuschauer und Wegschauer. Bei dieser Konstellation wird das Opfer vor „versammelter" Mannschaft gedemütigt. Das Erschreckende daran ist, dass niemand, weder die Zuschauer noch die Wegschauer, die Kraft finden, um hier einzugreifen. Das Opfer steht ganz allein da und muss sich den Schikanen öffentlich hingeben.

Jedoch hat hier das Opfer die Möglichkeit, mit den Teilnehmenden ins Gespräch zu gehen, um den einen oder anderen als Zeugen für sich zu gewinnen, falls man dagegen vorgehen möchte.

Das ***versteckte Mobbing*** passiert unter zwei Personen und immer unter vier Augen. Hier hat das Opfer kaum eine Chance, dagegen vorzugehen, weil die Beweislast kaum vorhanden ist.

<u>Mobbingphasen</u>

Es gibt insgesamt vier Mobbingphasen:

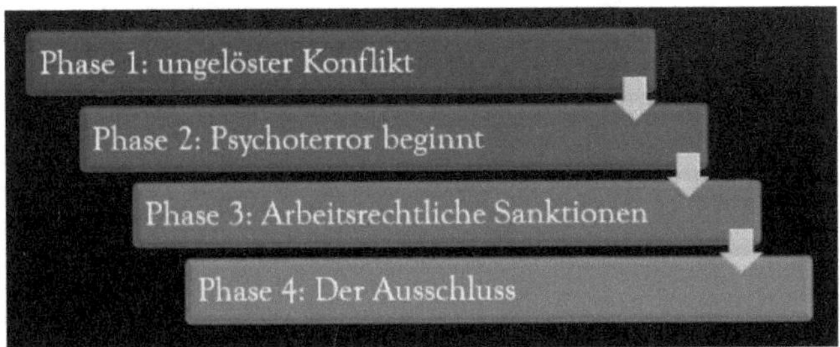

In der ***ersten Phase*** liegt ein Konflikt vor, der gelöst werden muss. Da niemand bereit ist, die Verantwortung für das entstandene Problem zu übernehmen, wird die Schuld hin und her geschoben.

In der ***zweiten Phase*** wird der eigentliche Konflikt zweitrangig. Die betroffene Person wird immer mehr zur Zielscheibe von systematischen Angriffen, verliert nach und nach an Selbstwertgefühl und wird ausgegrenzt.

In der *dritten Phase* beginnt für das Mobbingopfer ein Prozess der psychischen Erkrankung. Das Opfer ist stark verunsichert, macht Fehler, ist nicht mehr zu 100 % leistungsfähig, hat Angst, seine eigene Meinung offen auszusprechen, und zieht sich aus der Gruppe komplett zurück. Die Folgen davon sind: Abmahnung, Versetzung, Kündigung. Der schlimmste Ausgang wäre für das Mobbingopfer eine Erwerbsunfähigkeit aufgrund von psychischer Störung, Depression usw.

In der *vierten Phase* wird das Ziel der Mobber erreicht. Das Mobbingopfer verlässt das Unternehmen oder "wird gegangen".

In dem ganzen Prozedere muss man eine Teilschuld dem Arbeitgeber zuschreiben. Jeder Arbeitgeber ist verpflichtet, für das leibliche Wohl seiner Mitarbeiter zu sorgen. In diesem Fall ist der Arbeitgeber seiner Pflicht, die Arbeitnehmer zu schützen (§75,

Betriebsverfassungsschutz), nicht nachgekommen. Im Falle des Mobbings würde *schützen* eine Lösung des Konflikts in der ersten Phase bedeuten. Alle Teilnehmer müssen angehört werden, um sich zunächst ein Bild von der Situation zu verschaffen. Erst dann darf über das Mobbingopfer geurteilt werden.

Mögliche Ursachen

Toxische Unternehmenskultur

Die Unternehmensführung hat einen großen Einfluss auf die Arbeitsatmosphäre und auf die einzelnen Mitarbeiter. Sicherlich kann man es nicht jedem recht machen, denn jeder Mitarbeiter hat seine eigenen Vorlieben zum Thema Wohlfühlatmosphäre. Dennoch gibt es einige Faktoren, die die Stimmung im Unternehmen immens beeinflussen.

Unklare Zuständigkeiten oder Produktionsmethoden zum Beispiel führen dazu, dass der Mitarbeiter eher verwirrt ist und seine Aufgaben nicht versteht. Um sich aber besser positionieren zu können und um sich im Team zu beweisen, wird der Mensch nach einer besseren Stellung im Unternehmen jagen. Dies kann dazu führen, dass

unter Mitarbeitern Konflikte und Konkurrenzkämpfe entstehen.

Ungerechte Arbeitsverteilung ist auch ein Faktor, der einen Grund für Konflikte liefert. Ein Mitarbeiter, der zu viele Aufgaben hat, wird sich ungerecht behandelt fühlen, wenn dieser merkt, dass es andere in der Abteilung gibt, die gleich entlohnt werden, aber weniger Aufgaben zu erledigen haben. Das führt automatisch zu Unzufriedenheit.

Daraus resultierend ist die **niedrige Entlohnung für starke Leistung** ein weiterer Grund, um unzufrieden zu sein.

Die meisten Unternehmen, die schnell gewachsen sind, haben ein großes Problem mit der **Kommunikations- und Informationskultur**. Wir leben in einer Welt der Digitalisierung. Es steht oft an erster Stelle, dem Trend zu folgen und hier die Hausaufgaben zu erledigen. Doch in einem Unternehmen

arbeiten Menschen, die immer noch lieber per Brief informiert werden wollen, anstatt auf die Unternehmensportale zuzugreifen und bewusst nach Informationsbriefen zu suchen. Es gibt aber auch Menschen, die in der heutigen Zeit kein Smartphone besitzen. Wie ist dann der beste Weg, alle Mitarbeiter zu erreichen? Oft verwendet man alle Informationswege wie Brief, Aushang, Info-Portal, E-Mail usw. Das kostet einem Unternehmen viel Geld und Arbeitszeit. Hier muss man sagen, dass es wirklich schwierig ist, den richtigen Weg für alle zu finden. Jüngere Mitarbeiter sind gerne digital unterwegs, ältere halten gern ein Schreibstück in der Hand und legen es zu ihren Unterlagen. Solange diese Übergangsphase andauern wird, werden die zusätzlichen Ausgaben für das Unternehmen an der Tagesordnung stehen. So viel zu technischen Problemen.

Lassen Sie uns kurz den richtigen Zeitpunkt für eine Information anschauen. Wenn Mitarbeiter zu spät oder kurzfristig informiert werden, läuft man Gefahr, eine schnelle, unüberlegte Reaktion von der Belegschaft zu erhalten. In einem Unternehmen ist es wichtig, dem Mitarbeiter genügend Zeit zu geben, sich eine wohlüberlegte Meinung zu bilden. Der Mitarbeiter braucht Zeit, um sich die Information auf der Zunge zergehen zu lassen und diese Information mit seinen Kollegen zu besprechen. Als Folge wird das Feedback der Belegschaft emotional und verfälscht sein, wenn die Information sehr kurzfristig passiert.

Es gibt auch noch das Thema *Mitteilung der Unternehmensstrategie.* Hier sind die Führungskräfte in der Pflicht ihren Mitarbeitern zu erklären, in welcher Art und Weise sich die Strategie der Firma auf deren Arbeitsplatz auswirkt.

Wenn die Führungskraft in diesem Fall nichts unternimmt, wird ihr Mitarbeiter seine Arbeit nach bestem Wissen und Gewissen ausführen, was nicht unbedingt zum gemeinsamen Unternehmensziel beiträgt. Die Führungskraft muss verstehen, dass die Mitarbeiter klar und deutlich über die neuen Ziele instruiert werden müssen. Ansonsten läuft man Gefahr, nicht am gleichen Strang zu ziehen, und das führt wieder zu Unzufriedenheit, Konkurrenz und Missverstehen der Aufgaben unter Mitarbeitern.

Es gibt noch einen sehr wichtigen Faktor, der die meisten Mitarbeiter betrifft. Es geht um die **mangelnde Wertschätzung des Personals**. Wo fängt die Wertschätzung an und wo hört sie auf? Eine berechtigte Frage, die sich hoffentlich alle Führungskräfte stellen. Eine Wertschätzung beginnt zunächst mit einer Danksagung für die geleistete Arbeit und vor allem, wenn die Leistung

außerordentlich gut war. Wenn der Mitarbeiter eine richtig gute Idee zur Prozessverbesserung mit Einsparpotential hat, dann muss diese Idee hoch belohnt werden. Das fördert bei der Belegschaft die Lust, Ideen zu entwickeln und sie preiszugeben. Ein Lob ist auch ein gutes Instrument, um die Mitarbeiter zu motivieren. Man muss aber ehrlich sagen, dass wir in einer Zeit leben, in der Geld und somit das Einkommen im Mittelpunkt steht. Deswegen ist es wichtig, Mitarbeitern Prämien, Boni etc. zu zahlen, wenn die Arbeitsleistung herausragend ist. Wenn das nicht geschieht, wird die Leistung des Mitarbeiters nach und nach weniger, weil sich dieser fragen wird, warum er sich noch anstrengt und sich unnötig Gedanken über mögliche Optimierungen macht. Mangelnde Wertschätzung führt zu Demotivation. Demotivation führt zum Hinterfragen, ob man noch an der richtigen Arbeitsstelle

ist, und diese Tatsache kann das Unternehmen einen Verlust des Mitarbeiters kosten.

Aber zurück zum Thema Mobbing. Kann **Mobbing auch als Strategie** verwendet werden? Warum nicht? In Zeiten der Umstrukturierung und Neuverteilung der Aufgaben und Zuständigkeiten kann es durchaus passieren, dass unliebsame Mitarbeiter bewusst gemobbt werden, um sie loszuwerden. Wenn ein Mitarbeiter selbst kündigt, entstehen dem Unternehmen keine Kosten bis auf die daraus resultierende Fluktuation.

Wenn aber einem Mitarbeiter gekündigt wird, dann müssen zunächst die Gründe besprochen werden und falls es auf die Arbeitsleistungen bezogen keinen Grund gibt, dann wird diese Stelle aufgrund der Neustrukturierung des Unternehmens wegstrukturiert. Dem Mitarbeiter wird oft eine andere Stelle innerhalb des Unternehmens angeboten und wenn diese für den

Mitarbeiter nicht akzeptabel ist, dann muss das Unternehmen eventuell eine Abfindungszahlung in die Wege leiten.

Ein sehr holpriger und unangenehmer Weg für beide Parteien.

Toxische Beziehungen unter Kollegen und Vorgesetzten

Als soziale Wesen übernehmen wir automatisch verschiedene Rollen, sobald wir in einer Gruppe aufeinandertreffen.

Es gibt verschiedene Rollen, wenn wir uns zum Beispiel ein Team anschauen:

- Gruppenclown

- Organisator

- Opponent

- Außenseiter oder Sündenbock

- Leitperson

- Mitläufer

- Vermittler

- Meinungsmacher

usw.

Sobald aber zwei von den genannten Rollen in Kontakt treten, wird es offensichtlich, wer von den beiden Personen der Stärkere ist oder einen größeren Einfluss auf das Geschehen hat. Wenn der Stärkere seine Überlegenheit bewusst oder unbewusst gegen den Schwächeren ausrichtet, kann das zu einem Konflikt und zu einem weiteren Rollenverhältnis führen – der Opfer-Täter-Beziehung.

Wenn die Charaktereigenschaften der einzelnen Rollen durchleuchtet werden, stellt sich heraus, dass die Rolle „Opfer" überall dort Defizite aufweist, wo die Rolle „Täter" sehr stark ausgeprägt ist.

Zum Beispiel:

Opfer	Täter
Konfliktscheu	Konfliktfreudig
Sensibel	Unsensibel
Introvertiert	Extrovertiert
Ängstlich	Mutig
...	...

Hier lässt es sich leicht erkennen:

Wo das Opfer zu schwach ist, ist der Täter zu stark.

Dasselbe gilt auch für die Rollenbeziehung:

- Leitperson – Mitläufer

- Meinungsmacher – Außenseiter.

Opfer-, Mitläufer- und Außenseiterrollen sind gute Voraussetzungen für einen Mobber, um aktiv zu werden!

Konsequenzen für das Mobbingopfer

Regelmäßige feindselige Angriffe rufen negative Gefühle und starke Verunsicherungen bei den betroffenen Mobbingopfern hervor, was in der Regel nicht ohne **Folgen für ihr Arbeits- und Leistungsverhalten** bleibt.

98,7 % der deutschen Mobbingopfer geben diesbezüglich negative Auswirkungen an. Am häufigsten nennen Opfer laut Mobbing-Report von der Bundesanstalt für Arbeitsschutz und Arbeitsmedizin aus dem Jahre 2011 folgende psychische Zustände:

- Demotivation (71,9 %)
- Starkes Misstrauen (67,9%)
- Nervosität (60%)
- Sozialer Rückzug (58,9%)
- Ohnmachtsgefühle (57,7 %)
- Innere Kündigung (57,3%)
- Leistungs- und Denkblockaden (57%)

- Selbstzweifel an den eigenen Fähigkeiten (54,3%)
- Angstzustände (53,2%)
- Konzentrationsschwäche (51,5%)

Es ist auch kein Wunder! Alle Gedanken und Gefühle drehen sich nur noch um die Beziehung zum Mobber. Schlaflose Nächte als Konsequenz des Gedankenkarussells führen zum müden körperlichen Zustand. In diesem Zustand begibt sich das Mobbingopfer zur Arbeit, rechnet mit erneuten feindseligen Angriffen und legt sich gedanklich seine Antworten zurecht, um gegen die Angriffe gewappnet zu sein. Als Resultat des Ganzen ist es offensichtlich, dass das Mobbingopfer keine Kraft mehr hat, sich auf die Arbeit im Unternehmen zu konzentrieren und gute Leistungsergebnisse zu bringen.

Dieser Leistungsabfall wird vom Vorgesetzten und anderen Teilnehmern selbstverständlich gesehen und als Folge droht dem Mobbingopfer eine Abmahnung. Also noch ein Meilenstein, um das Mobbingopfer weiter noch zu schwächen und zu demobilisieren. Es ist noch „in Ordnung", dem Mobbingopfer eine Versetzung anzubieten oder gar zu kündigen. In einem guten gesundheitlichen Zustand kann dieser Mensch sich um eine neue Arbeitsstelle bemühen, sich weiterbilden und neue Fähigkeiten aneignen. Es ist aber nicht in Ordnung, das Mobbingopfer krankzumachen. Sobald ein Mensch erwerbsunfähig wird, braucht er wahrscheinlich Jahre, um sich davon zu erholen. Darunter leidet nicht nur der Betroffene selbst, sondern sein ganzes soziales Umfeld: Partner, Kinder, Eltern usw.

Dem Mobber muss bewusst sein, dass er mit seinen Aktionen einen Menschen komplett zerstört, und dem Unternehmen und den Führungskräften muss bewusst sein, dass sie, anstatt diesen Menschen zu unterstützen und den Konflikt zu lösen, das Ganze nur noch begünstigen, indem sie nur die Leistung des Betroffenen bewerten.

Natürlich entstehen dem Unternehmen durch die Minderleistung des Mobbingopfers zusätzliche Kosten, vor allem wenn das Mobbingopfer aufgrund von psychischer Belastung auf der Arbeit ausfällt. Fehlzeiten eines Mitarbeiters im Unternehmen können bis zu 400 Euro pro Tag kosten. Allein aus diesem Grund sind das Unternehmen und vor allem die Führungskräfte verpflichtet, aktiv gegen Mobbing am Arbeitsplatz vorzugehen.

Was kann das Mobbingopfer selbst dagegen tun?

Wir haben gesehen, dass in der ersten Phase der Entstehung des Mobbings ein ungelöster Konflikt vorliegt. Aus diesem Grund kann das Mobbingopfer proaktiv die Situation in die eigene Hand nehmen.

Mit dem/der Täter/in das Gespräch suchen

- **Frühzeitig** erkennen, dass systematisch gegen Sie vorgegangen wird
- Ursachen des Konflikts ansprechen und Lösungsvorschläge machen
- Kompromissbereitschaft zeigen
- Vorgänge protokollieren / aufzeichnen oder Dritte zum Gespräch bitten
- Tagesprotokoll über die eigene Arbeitsleistung anfertigen, um dem Vorgesetzten zu zeigen, dass Sie nach wie vor Ihre Aufgaben und das Volumen der Arbeit rechtzeitig erledigen.

Interne Anlaufstellen im Unternehmen kontaktieren

- Vorgesetzte

- Geschäftsführung (im letzten Schritt)

- Betriebsrat/Gewerkschaft

- Betriebsarzt

- Human Resources

- Feel-Good-Manager und Gesundheitsmanager

- Firmenpsychologe

- KollegInnen bitten, als Zeuge zu agieren

Sie haben bereits die feindseligen Angriffe protokolliert. Nehmen Sie Ihr Protokoll immer mit in die Gespräche. Lassen Sie sich beraten und sammeln Sie so viel an Informationen, wie es nur möglich ist.

Alle Informationen werden Sie benötigen, um gegen den Mobber vorzugehen. Je mehr Informationen Sie für Ihre Verteidigung gesammelt haben, umso stärker werden Sie. Denken Sie auch daran, dass jeder Betrieb ein betriebliches Verfassungsgesetz hat. Es ist durchaus denkbar, dass das Unternehmen bereits dort die Themen der Diskriminierung und des Mobbings festgehalten hat. Befragen Sie dazu den Betriebsrat.

Externe Anlaufstellen kontaktieren, Informationen sammeln

- INQA.de

- konflikthotline-bw.de

- antidiskriminierungsstelle.de

- Das Ministerium für Glück

- Hausarzt

- Psychologe

- Rechtsanwalt

TEIL 2

Krise als *Chance* nutzen, um persönlich zu wachsen

Es ist offensichtlich, dass man sich als Mobbingopfer in einer schwierigen Situation befindet. Darunter leidet nicht nur die eigene psychische Gesundheit, die dann auch physische Schwächen, wie Magen-Darm-Probleme, Kopfschmerzen, Konzentrationsstörung usw. mit sich bringt. Der gesundheitliche Zustand wirkt sich auf das soziale Umfeld aus. Das Mobbingopfer zieht sich meistens zurück und versucht, im Alleingang mit der Situation fertig zu werden. Die Gespräche mit dem Partner und der Familie drehen sich immer wieder um das gleiche Thema, was dazu führen kann, dass auch der Partner und die Kinder irgendwann mal nicht

mehr zuhören können und sich distanzieren, weil sie nicht wissen, wie geholfen werden kann. Hier läuft man oft Gefahr, die eigene Familie zu verlieren oder die Menschen, die einem sehr lieb sind.

In diesem Kapitel werden wir uns genau anschauen, was Sie selbst tun können, um aus der Krise gestärkt und mit neuer Motivation herauszukommen.

Als Erstes gilt es zu verstehen, dass man sich zurzeit in einer Opferrolle befindet, und das ist in Ordnung. Jeder von uns hat mal starke, mal schwache Phasen im Leben. Bevor wir den Archetypen „Opfer" in uns entfernen, sollte man ihn zunächst würdigen. Schließlich galt er als Sicherheit und Schutz vor Angst oder möglichen Gefahren in unserem Leben. Aufgrund dessen haben wir uns eine Weile im Leben mit diesem Archetypen identifiziert und das Opfer in uns hat das Recht, gesehen und gehört zu werden.

Wir dürfen das Opfer, also dieses Merkmal in uns, annehmen. Wir nehmen diese Haltung in uns an, sehen sie und verändern sie. In Wirklichkeit ist es *der erste Schritt*, um aus der Opferrolle herauszutreten.

Im *zweiten Schritt* wollen wir allen Menschen verzeihen, die an dieser Lebensphase beteiligt waren, und wir verzeihen uns selbst, dass wir es so weit kommen ließen. Wir waren aktiv daran beteiligt. Tun oder nicht tun, zulassen oder nicht zulassen – das ist immer unsere eigene Entscheidung.

Und im *dritten Schritt* verändern wir unsere Haltung, unsere Meinung, unsere Schwächen und werden stärker. In Wirklichkeit liegt es an uns selbst, die schönen Seiten des Lebens zu sehen und diese Schönheit selbst zu erschaffen.

Die drei Standbeine des Lebens

Unser Leben besteht aus mindestens drei Standbeinen.

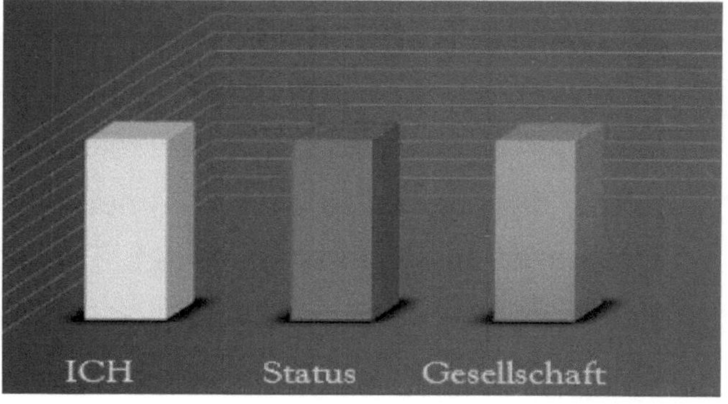

<u>ICH</u> – meine Überzeugungen, meine Meinung, Familie, meine Wurzeln, Religion, Mindset. Was genau macht mich als Person aus? Kenntnisse, Fähigkeiten, Talente, meine Geisteshaltung, Glaube, **psychische und physische Gesundheit** usw.

<u>STATUS</u> – Was habe ich beruflich erreicht? Karriere, Einkommen, materielle Güter usw.

<u>GESELLSCHAFT</u> – Positionierung im Freundes- und Familienkreis, soziale Beziehungen und Bindungen unter Kollegen, Bekannten und im Internet, was heute auch ein wichtiges Handlungsfeld ist.

Wenn diese Säulen in Harmonie zueinanderstehen, dann befindet sich unsere Welt mehr oder weniger in Ordnung. Wir sind zuversichtlich und zufrieden. Wenn aber eine der Säulen ins Wanken gerät, gerät man automatisch In Stresssituationen, ob in der eigenen Familie, auf der Arbeit oder in der sozialen Umgebung.

Zwischen Job und Gesundheit
Deine Krise ist dein persönliches Wachstum!

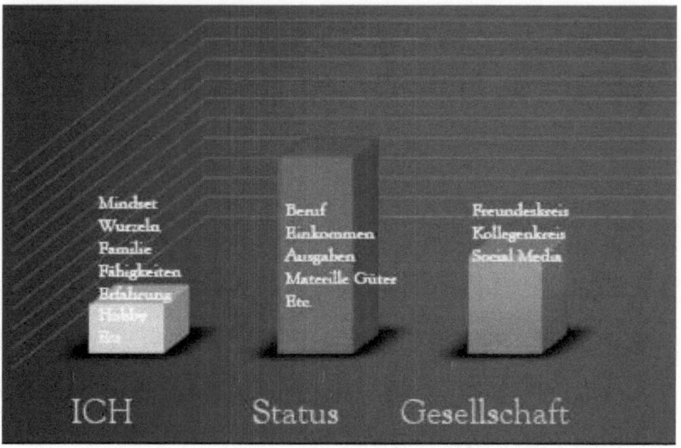

Wenn man am Arbeitsplatz Mobbing erfährt, dann drehen sich alle Gedanken nur um Mobbing und Angst. Das eigene „ICH" gerät in den Hintergrund. Die Gesundheit leidet. Man hat keine Lust mehr auf Unternehmungen und Teilhabe am sozialen Umfeld. Man hat große Angst, seinen Job zu verlieren. Ohne Einkommen wird sicherlich auch das Privatleben große Veränderungen erfahren müssen. Für diese Veränderung ist man aber noch nicht bereit.

Nach einer Weile der Unterdrückung und negativer Kritik denkt man oft, dass man nichts wert ist, denn der Mobber hat ja immer wieder die Fähigkeiten des Mobbingopfers in Frage gestellt und ständig kritisiert. Diese Spirale der Angst vor dem, was noch kommt, und der Bestätigung, dass man schwach ist, führt zur Depression und es wird immer schwieriger da herauszukommen, ohne dass man selbst die Kraft in sich findet und diese Situation und sich selbst proaktiv verändert.

Warten Sie nicht zu lange und übernehmen Sie Verantwortung für sich selbst.

In den nachfolgenden Seiten werden Sie erfahren, was Sie eigenhändig machen können, um gesund zu bleiben und die drei Hauptsäulen Ihres Lebens in Harmonie zu halten.

Stressabbau durch Sport, Ernährung und Entspannungstechniken

Heute ist bereits bekannt, dass Sport nicht nur den körperlichen Zustand positiv beeinflusst, sondern auch den mental-emotionalen. Wenn wir unter Stress stehen, produziert unser Körper Stresshormone. Stresshormone führen dazu, dass der Körper auf eine Stresssituation reagieren muss. Wenn wir aber keine Reaktion zulassen und den Drang nach Bewegung, Schreien oder Schütteln unterdrücken, werden die Stresshormone sehr langsam abgebaut und

beeinflussen negativ unseren Hormonhaushalt, unser Blutbild und unsere Organe. Mit Sport bekommt der Körper genug Bewegung, um Stresshormone abzubauen. Bewegung ist ein wichtiger Faktor im Leben eines Menschen. Durch Bewegung kommen unsere körperlichen Systeme in Fluss.

Es werden glücklicherweise Glückshormone ausgeschüttet, die den Abbau von Stresshormonen begünstigen. Die Lymphe läuft besser und reinigt sich durch das Schwitzen, das Blut erreicht auch die weitesten Stellen unseres Körpers und versorgt sie mit Vitalstoffen. Vitalstoffe kommen durch gesunde Ernährung in unsere Körper. Ein Mangel an Vitalstoffen kann der Gesundheit viel Schaden bringen. Aus diesem Grund muss die Ernährung adaptiert werden. Ganz wichtig ist es, dass Sie hochschwingende Nahrung zu sich nehmen. Hochschwingend bedeutet: sonnengereift, unverarbeitet und frisch. Sie

ahnen es schon, aber das sind Obst und Gemüse aller Art und am besten in einer Bioqualität. Die Menschen sind von Natur aus schwingende Wesen. Unsere Schwingungsfrequenz wird von unserem Essen, unseren Gedanken, Emotionen und Gefühlen bestimmt.

Hochschwingend bedeutet: positiv geladen. Eine niedrige Schwingungsfrequenz zeigt die negative Stimmung eines Menschen. In meiner Energiearbeit habe ich festgestellt, dass viele Menschen unter niedrigen Energien leiden. Die gute Nachricht ist aber, dass Sie selbst Ihre Schwingungsfrequenz beeinflussen können und somit Ihren Wohlfühlfaktor steigern können.

Heutzutage gibt es sämtliche Entspannungstechniken wie Meditation, Autogenes Training usw. Bitte versuchen Sie hier nicht gleich, zum Experten zu werden. Es ist unheimlich schwierig, von heute auf morgen

den richtigen Meditationszustand zu erreichen. Schließlich plagen zunächst die Gedanken, die dann noch schlechte Gefühle hervorrufen. Lassen Sie im ersten Moment die Musikklänge, Düfte und Farben auf sich wirken und beobachten Sie Ihre Gedanken, um zu erfahren, was genau Sie den ganzen Tag denken und was Sie belastet. Sobald Sie wissen, welche Gedanken Sie hegen, werden Sie sie auch durch bewusstes Denken verändern können.

Aufbauende Angebote: Fortbildung, Selbsthilfegruppen, Lebensberatung

Nutzen Sie für sich selbst aufbauende Angebote. Eine Fortbildung und somit eine Erweiterung Ihrer beruflichen Kenntnisse wird Ihnen nicht nur neue Horizonte eröffnen, sondern wird helfen, Ihre Aufmerk-

samkeit auf andere Themen zu lenken. Sie werden verstehen, dass es für Sie und Ihre Zukunft wichtig ist, sich fortzubilden, und somit werden Sie Ihren Fokus und Ihre Energie auf die Fortbildungsinhalte legen. Das führt dazu, dass Sie weniger Energie mit der Mobbingsituation verschwenden. Der Ärger wird in den Hintergrund treten, weil Sie sich auf Wichtigeres in Ihrem Leben fokussieren.

Suchen Sie sich auch Unterstützung einer Selbsthilfegruppe. Hier finden Sie Menschen, die in einer ähnlichen Situation sind. Sie können sich hier besser austauschen und werden vor allem verstanden. Es ist unheimlich schwierig für Menschen, die noch nie in einer Mobbingsituation waren, zu verstehen, wie Sie sich fühlen und welche Ängste Sie plagen. Aus diesem Grund ist es hilfreich, seinesgleichen zu suchen und sich dort auszusprechen, das Thema

auszudiskutieren und zu hören, wie es anderen geht. Sie sind mit dieser Situation nicht allein.

Auch ein Lebensberater kann Sie auf Ihrem Weg der Veränderung unterstützen. In meiner Tätigkeit als spiritueller Life-Coach habe ich festgestellt, dass ein Mensch, sobald er sich in einer schwierigen Lage befindet, mit Scheuklappen durchs Leben geht und die Perspektiven und Chancen nicht sieht. Ein Lebensberater hat unter anderem die Aufgabe, diese Scheuklappen zu entfernen durch einen Perspektivenwechsel. Schließlich sollen Sie lernen, das Positive im Leben zu erkennen, auch wenn es Ihnen in diesem Moment nicht so gut geht. Sie werden lernen, die persönliche Krise als Chance zu sehen und nicht als Krise.

Durch das Erlangen neuer Kenntnisse und Erhalten neuer Informationen werden Sie automatisch neue Fähigkeiten entwickeln und das führt dazu, dass Sie Ihre Angst nach und nach reduzieren.

Auszeit, Urlaub, Kur

Wenn sich ein Mensch in einer schwierigen Lebensphase befindet, dann ist man meistens doppelt belastet. Schließlich muss man auf der Arbeit funktionieren, der private Alltag muss selbstverständlich auch weiterhin gelebt werden und die sozialen Netzwerke benötigen auch weiterhin Pflege. Scheuen Sie sich nicht, sich eine Auszeit für sich selbst zu nehmen. Eine Auszeit im Privatleben wird wahrscheinlich nicht so einfach zu organisieren sein, aber im Arbeitsleben steht Ihnen eine bestimmte Anzahl an

Urlaubstagen zu, auf die Sie jederzeit zurückgreifen können.

Beantragen Sie aufgrund Ihrer psychischen Belastung eine Kur. Sprechen Sie mit Ihren Ärzten darüber und Sie werden sehen, dass Ärzte beim Thema *Mobbing und psychische Belastung* sehr sensibel reagieren und Sie auf jeden Fall unterstützen werden.

Selbstliebe und Affirmationen

Wenn der Psychoterror am Arbeitsplatz beginnt, wird dem Mobbingopfer immer wieder eingeredet, wie schlecht man ist. Und irgendwann beginnt man selbst daran zu glauben. Man zweifelt an seinen Fähigkeiten und seinen Talenten, man bezweifelt die Beziehungen, die man hat, und fragt sich selbst, ob man wertvoll genug ist, um dieses

Leben zu führen. Sobald Sie diese Gedanken erreichen, befinden Sie sich im Prozess des Hinterfragens Ihrer Werte. Es ist tatsächlich in Ordnung, wenn Sie Ihr Wertesystem hinterfragen. Ein Leben lang kann man nicht derselbe Mensch bleiben. Alle möglichen Situationen, die uns auf unserem Lebensweg begegnen, prägen und verändern uns. Wenn Sie sich gerade in dieser Phase befinden, können Sie sich glücklich schätzen – Sie sind auf dem Weg Ihrer persönlichen Veränderung und des Wachstums.

Das Üben der Selbstliebe wird Ihnen die Kraft geben, aus den negativen Gedanken herauszutreten. Erinnern Sie sich daran, wie Sie sich vor der Mobbingsituation gefühlt haben. Fühlten Sie sich geliebt und akzeptiert? Waren Sie mit sich selbst zufrieden? Haben Sie sich selbst geliebt?

Wahrscheinlich JA. Also warum betreiben Sie gerade Selbstsabotage? Nur, weil ein Kollege oder eine Kollegin gesagt hat, dass Sie schlecht sind?

Wenn Sie nicht mehr wissen, wie wertvoll Sie sind, dann schreiben Sie Ihre Talente, Ihre positiven Charaktereigenschaften, Ihre Fähigkeiten und alles, worauf Sie stolz sind, auf ein Blatt Papier und führen Sie sich das vor Augen. Das wird Ihnen zeigen, dass Sie immer noch die gleiche Person sind, wie vor dem Mobbing und dafür können Sie sich auf jeden Fall lieben. Sie sind immer noch gut, wie Sie sind.

Durch Affirmationen können Sie sich in der Übung der Selbstliebe unterstützen. Affirmationen sind ein gutes Instrument, um sich wieder glauben zu lassen, dass Sie geliebt werden und dass Sie ein guter Mensch sind. Als Affirmation können Sie sich alles ausdenken, was Sie möchten. Wer und wie

möchten Sie sein? Am besten beginnen Sie mit drei Adjektiven, die Sie beschreiben, wie Sie in Ihrer Zukunft sein möchten.

Zum Beispiel:

Ich bin gesund, stark und selbstbewusst.

Der Klang (die Schwingung) der Worte und der Sinn der Worte werden neue neuronale Verbindungen in Ihrem Nervensystem erschaffen.

Das Nervensystem wird sich mit der Zeit auf die neu geschaffenen Verbindungen adaptieren und sich energetisch auf eine neue Schwingungsfrequenz einstellen. Eine neue Schwingungsfrequenz wird Sie automatisch auf eine neue Art des Lebens führen. Erwarten Sie nicht, dass es sofort passiert. Es braucht Zeit, wie viele andere Dinge im Leben. Wichtig ist, dass Sie selbst daran glauben, dass diese drei Worte Sie als Person bestens widerspiegeln und dass Sie selbst

davon überzeugt sind, dass das Ihre Zukunft ist.

Mindmovies

Haben Sie schon von Mindmovies gehört? Als ich ein Buch von Joe Dispenza las, kam dieser Begriff immer wieder auf. Dann habe ich es mir im Internet angeschaut und war verblüfft, wie gut ich mich danach fühlte. Bei einem Mindmovie werden mehrere Sinne gereizt. Wir sehen beeindruckende Bilder, wir lesen und hören wunderbare Worte und Klänge. Und das führt zu einer neuen Wahrnehmung der Realität. Wenn Sie sich diese Kurzfilme täglich anschauen, wird hier auch der Effekt des Wiederholens und somit die Neuausrichtung der neuronalen Verbindung aktiv. Nutzen Sie dieses

Werkzeug, um sich selbst auf eine neue Schwingungsfrequenz einzustellen.

Die eigene Angst überwinden

Der erste Schritt, um seine Angst zu überwinden, ist die Auseinandersetzung mit dieser Angst. Stellen Sie sich Fragen wie: Woher kommt diese Angst? Ist sie gut oder schlecht für mich? Was kann ich tun, um diese Angst zu neutralisieren? Schauen Sie Ihrer Angst in die Augen und übernehmen Sie die Herrschaft über diesen Zustand. Sie werden schon bald erkennen, dass ein Mangel an Informationen, Kenntnissen oder Fähigkeiten, sich zu verändern und seine eigene Komfortzone zu verlassen, oft zu einem Angstzustand führt. Wir verlieren uns oft in diesen Angstgedanken und Gefühlen und geben unsere Herrschaft über die

Zustände ab, weil es nicht einfach ist, sich einer Angst zu stellen. Sie können selbst entscheiden, ob die Angst über Sie herrscht oder ob Sie der Herr im Hause sind. Sobald Sie die Verantwortung über Ihre Gedanken und Gefühle übernommen haben, wird diese Angst kleiner werden. Und wenn Sie Ihre Angst komplett verstehen und sich mit der Ursache der Angst und der Wirkung der Angst auseinandergesetzt haben, werden Sie sich selbst besser verstehen und automatisch nach Möglichkeiten suchen, um Antworten auf Ihre Fragen zu finden und Wissen darüber zu erlangen. Nicht umsonst heißt es „Wissen ist Macht" und das Wissen über die eigenen Gefühle und Gedanken, die Ursachen und die daraus entstandenen Konsequenzen wird Sie auf eine neue Stufe der Selbstwahrnehmung heben.

Ein Beispiel dazu:

Sie haben erkannt, dass Sie aufgrund der mangelnden Rhetorik jegliche Diskussionen meiden, weil Sie sich oft unverstanden fühlen. Somit gehen Sie der Klärung verschiedenster Angelegenheiten aus dem Weg und lassen die Dinge so geschehen, wie sie zu geschehen vermögen. Also geben Sie schon mal die Verantwortung an die anderen Personen oder Umstände ab und wundern sich wahrscheinlich, warum die Lösung einer Angelegenheit nicht zu Ihren Gunsten ausgeht.

Nun haben Sie erkannt, dass diese Charaktereigenschaft eher negativ geprägt ist und Sie nicht weiter im Leben voranschreiten lässt. Sobald diese Tatsache erkannt und gesehen wurde, ist der erste Schritt zur Veränderung gemacht. Nehmen Sie zunächst diese Schwäche so an, wie sie ist. Schließlich haben Sie Ihr ganzes Leben so gelebt und es war in Ordnung. Aber jetzt ist die Zeit der

Veränderung. Jetzt können Sie für sich selbst entscheiden, was Sie mit dieser Erkenntnis tun wollen. Wollen Sie an sich selbst arbeiten und Ihre Rhetorik verbessern? Oder akzeptieren Sie sich selbst, so wie Sie sind, und lassen bewusst die Verantwortung bei den anderen, über Sie zu entscheiden?

Wenn Sie aber einen Rhetorikkurs oder einen Kurs zur Gesprächsführung besuchen, werden Sie neue Instrumente für Ihre Sprache erhalten und können diese jederzeit einsetzen. Sie können sogar lernen, Ihre Gesprächspartner an Ihr Gesprächsziel zu führen. Wenn Sie Ihre Angst angeschaut und erkannt haben, werden Sie nie wieder derselbe Mensch sein.

Verstehen, dass man jede Situation immer verlassen kann

Es ist wichtig zu verstehen, dass jede Situation sofort verlassen werden kann. Hier in Deutschland hat man das Privileg eines Sozialstaates, was so viel heißt, dass niemand im Stich gelassen wird. Vor allem nicht, wenn man sich in einer schwierigen Lebensphase befindet. Wenn es Ihnen psychisch nicht gut geht, dann hören Sie sofort auf, sich selbst zu sabotieren. Suchen Sie nach Möglichkeiten, Ihre Situation distanziert zu betrachten. Das kann nur passieren, wenn Sie sich eine Auszeit nehmen. In welcher Form diese Auszeit geschieht, bleibt Ihnen überlassen. Wie bereits gesagt, können Sie sich einen Urlaub gönnen, eine Kur beantragen oder sich krankschreiben lassen. Denken Sie immer daran: Es geht um Ihre Gesundheit. Wenn Sie krank werden, werden

Sie sehr viel Zeit, Mühe und Kosten benötigen, um wieder gesund zu werden. Denken Sie auch daran: Wenn Sie bei Ihrem Genesungsprozess in eine Klinik gehen müssen, dann werden Sie dort auch an sich selbst arbeiten müssen, um aus der Opferhaltung auszutreten und Ihr Leben mit neuen Farben zu schmücken und somit zur Selbstliebe zu gelangen. Niemand kann es für Sie tun. Nur Sie selbst sind für Ihre Gesundheit verantwortlich. Lassen Sie es nicht so weit kommen, dass Ihnen eine schlimme Diagnose vom Arzt diagnostiziert wird. Betreiben Sie immer Prävention – nicht nur körperlich, sondern auch mental und emotional.

Ärzte für sich gewinnen

Ärzte sind für uns da, wenn wir krank werden, und unterstützen uns bei der Genesung. Unabhängig davon, ob Sie eine REHA-Maßnahme beantragen, eine Krankmeldung oder ein Attest benötigen. Im Falle des Mobbings und dadurch der zusätzlich zum Arbeitsstress belastenden Stresssituation können Sie sich krankschreiben lassen und therapeutische Maßnahmen besuchen. Wenn Sie sich dafür entscheiden, eine Kündigung beim Arbeitgeber einzureichen, kann Ihnen Ihr Arzt bescheinigen, dass es für Ihre Genesung ein großer Beitrag ist, diesen Schritt zu gehen. Mit diesem Attest entkommen Sie einer Sperre beim Arbeitslosengeld. Diese Information erachte ich als sehr wichtig, um Ihnen die Angst zu nehmen mittellos zu bleiben.

Überzeugen Sie sich selbst, dass Sie stark sind

Wir haben nun gelernt, dass es wichtig ist, sich ein gewisses Wissen zu der aktuellen Situation anzueignen. Wir wissen heute, dass Menschen, die das Gleiche erlebt haben, eine große Hilfe im Austausch von Informationen und Gefühlen sind. Mit Affirmationen, Sport, Entspannung und Mindmovies können Sie sich auf eine neue Realitätsebene fokussieren und das führt dazu, dass Sie anfangen, sich anders, neu und positiv zu fühlen und zu handeln. Anders als gewohnt zu handeln, bedeutet, dass Sie automatisch eine neue Realität für sich selbst erschaffen. Das Wichtigste dabei ist, dass Sie Ihre Angst in den Griff bekommen oder sogar verlieren. Mit Ihren neu erlangten Kenntnissen und Fähigkeiten werden Sie

den verängstigten Teil Ihres Selbst besser verstehen und kontrollieren können.

Selbstverständlich werden Sie nie vergessen, wie Sie waren, aber Sie werden als Gewinner aus dieser Situation herausgehen und genau dieses Gefühl wird Ihnen die Kraft und den Mut geben, um in Ihrem Leben vorwärtszukommen. Es ist Ihr Leben und nur Sie entscheiden, wie es für Sie weitergeht. Wollen Sie weiter in der Opferhaltung bleiben oder wollen Sie bewusst und verantwortungsvoll Ihr Leben meistern?

Heute ist es Zeit für Sie, die ganze Situation als ein Katalysator für das persönliche Wachstum zu sehen.

Und genau deshalb sind Sie eine starke Persönlichkeit, die die Krise dafür nutzt, um bewusster mit dem eigenen Leben, mit den eigenen Charaktereigenschaften, Ängsten, Stärken und Schwächen umzugehen.

Selbsterkenntnis und Selbstveränderung lassen Sie in Ihre Kraft kommen

Wir leben alle in einem von uns oder von den anderen erschaffenen System. Es fängt allein schon bei unserem Körper an. Unser Körper hat sehr viele verschiedene Systeme, die miteinander ständig in Verbindung und Kommunikation stehen. Ein Unternehmen ist auch ein System mit eigenen Strukturen, die von der Führung erschaffen worden sind.

Die Mitarbeiter sind gezwungen, in diesem System so zu funktionieren, wie die Regeln es festschreiben. Sei es ein Verhaltenscodex, betriebliche Gesetze, Compliance usw. oder die Regeln in einem Team, das zusammenarbeitet. Jedes System, in dem man eine Teilhabe hat, kann mehr oder weniger verändert werden, in dem man still an sich selbst arbeitet.

Im ersten Schritt muss aber das System erkannt werden.

Sie haben bereits Ihre Schwächen erkannt und höchstwahrscheinlich gesehen, dass Ihre Eigenschaften das komplette Gegenteil der Eigenschaften des Mobbers sind. Wenn Sie sich nicht sicher sind, schreiben Sie Ihre Schwächen auf und stellen diese mit den Stärken des Mobbers gegenüber.

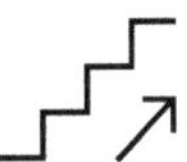

Zum Beispiel:

Mobbingopfer	Mobber
Konfliktscheu	Konfliktfreudig
Verängstigt	Mutig
Zurückhaltend	Aufmerksamkeits-suchend

So werden Sie sich vor Augen führen, welche Eigenschaften Verbesserung bedürfen. Dann fangen Sie an, diese Eigenschaften bewusst zu verbessern. Sehen Sie die Situation am Arbeitsplatz als Trainingslager an. Je mehr Sie trainieren, umso stärker werden Sie. Dieses Gefühl wird Ihnen auf jeden Fall mehr Selbstbewusstsein und Selbstwert verschaffen. Mit der Zeit werden Sie sich mehr und mehr zutrauen und Ihre Ergebnisse sogar feiern. Ist es nicht ein Grund, stolz auf sich selbst zu sein?

Gesetze des Universums wirken immer, ob es uns bewusst ist oder nicht.

Wahrscheinlich werden Sie sich fragen, warum ich in diesem Buch das Thema der universellen Gesetze aufgreife. Ich möchte Ihnen zeigen, dass auf unserem Planeten nichts per Zufall passiert. Es gibt unzählige Gesetze des Universums, die in unserem Leben wirken, ob wir das wollen oder nicht. Wir haben gesehen, dass die Eigenschaften des Mobbingopfers und des Mobbers miteinander in einer bestimmten Beziehung stehen. Hier greifen mindestens zwei universelle Gesetze.

Das universelle Gesetz der Polarität besagt, dass zwei Pole immer Gegensätze derselben Sache sind, weil unsere Welt der Dualität die Gegensätze benötigt, um in Harmonie zu bleiben. Als Konsequenz daraus stellen

wir fest, dass die schwachen Eigenschaften des Mobbingopfers und die starken Eigenschaften des Mobbers aufeinander abgestimmt sind, um eine Situation zu manifestieren. Diese Situation ist das Resultat von der Wirkung der Eigenschaften und wird hervorgerufen, um diese Eigenschaften bei beiden Teilnehmern zu neutralisieren und in Harmonie zu bringen.

Der Mobber wird aber auf keinen Fall an sich arbeiten wollen. Denn er geht aus dem Konflikt als Gewinner hervor und fühlt sich gestärkt und selbstbewusst. Das Mobbingopfer hat demnach viel mehr Potenzial durch Veränderung seiner Eigenschaften, diese Situation zu beeinflussen und an Stärke zu gewinnen. Leider sind Menschen so gestrickt, dass sie erst handeln, nachdem sie lang genug gelitten haben, und erst ab einer bestimmten Leidensstufe kommt die Bereitschaft zur Veränderung.

Wenn Sie aber dieses System erkannt haben, werden Sie früh im Voraus handeln, damit es gar nicht dazu kommt, dass Sie in ein Loch fallen und Ihre Gesundheit aufs Spiel setzen. Bitte denken Sie daran, dass an erster Stelle immer Ihre Gesundheit steht. Wenn Sie körperlich schwach werden, führt es dazu, dass Sie gewisse Tätigkeiten nicht mehr erledigen können. Sie werden nicht mehr belastbar sein. Im schlimmsten Fall kann es dazu führen, dass Sie alles verlieren, was Ihnen lieb ist. Nur, weil Sie sich nicht genug Selbstachtung geschenkt haben.

Es gibt noch **das Gesetz des Magnetismus**.

Dieses universelle Gesetz besagt, dass sich ungleichnamige Pole anziehen und gleichnamige Pole abstoßen.

Wir kennen alle das Phänomen des Magnetfeldes, zumindest aus dem Physik-

unterricht. Wenn wir diese Wirkung auf unsere Eigenschaften des Mobbingopfers und des Mobbers übertragen, stellen wir fest, dass wir es selbst in der Hand haben, den Mobber von uns wegzustoßen, ohne diesem Menschen etwas antun zu müssen und ohne mit diesem Menschen einen Kampf führen zu wollen.

Nach diesem Gesetz bedeutet es: Wenn die schwachen Eigenschaften des Mobbingopfers die starken Eigenschaften des Mobbers angezogen haben, dann kann man den Mobber überwinden, indem man die eigenen schwachen Eigenschaften zu Stärken macht und somit den Mobber von sich wegstößt. Der Mobber wird dann nicht mehr daran interessiert sein, Sie zu demütigen, zu kritisieren und zu drangsalieren. Schließlich wird er immer wieder auf Gegenwehr stoßen und an seiner eigenen Kraft verlieren, in Zweifel an sich selbst geraten und als

Folge wird er sich ein anderes Opfer suchen, das schwächer ist als er.

Ist es nicht ein Grund mehr, sich selbst durch Fortbildungen und Veränderung der Charaktereigenschaften neu zu positionieren und eine neue Sicht der Dinge zu erlangen? Vielleicht scheint es Ihnen nach so viel Arbeit und so viel Zeit, die man investieren müsste, um mit sich selbst ins Reine zu kommen. Da nehme ich Ihnen schon mal die Angst, indem ich sage, dass es genügt, wenn Sie im ersten Schritt Ihre Schwächen bewusst erkennen und bewusst damit umgehen. Sie müssen nicht von heute auf morgen ein anderer Mensch werden. Das ist nicht möglich. Sie können Ihre Veränderung beschleunigen, wenn Sie sich damit sehr zeitintensiv beschäftigen. Aber lassen Sie sich Zeit und lassen Sie Ihre Erkenntnisse über sich selbst erst einmal auf sich wirken.

Was nun?

Durch die neuen Eindrücke, durch neues Wissen und die Selbsterkenntnis werden Sie sich auf einer neuen Bewusstseinsebene befinden. Von der Opferrolle steigen Sie in die Kämpferrolle oder die Rolle des Suchenden auf. Hier können Sie dann entscheiden, wie es für Sie weitergeht. Wollen Sie diese Situation in die eigene Hand nehmen, sich wehren und den Betroffenen zeigen, wie ein gesundes Miteinander zu sein hat? Oder sagen Sie einfach, diese Menschen sind es nicht wert, um hier die eigene Lebensenergie zu vergeuden und suchen sich einen neuen Job, bei dem Sie Ihr neu erlangtes Wissen einsetzen?

Es ist auf jeden Fall besser, eine bewusste Entscheidung zu treffen als eine, die auf Angst basiert. Wenn eine Entscheidung aus Angst getroffen wird, dann begibt man sich

auf die Flucht und Flüchtende fürchten sich immer davor eingeholt zu werden.

Das Wichtigste in dieser schwierigen Lebensphase ist, nicht zu warten, bis der Körper mit Krankheitssymptomen reagiert, und schon im Voraus zu handeln. Schmerzen oder Missstimmungen nehmen oft die Lust am Leben und das dürfen Sie nicht zulassen.

FALLBEISPIELE

Fall Nr. 1

Maria ist eine Sachbearbeiterin, Mitte 40, mit viel Berufserfahrung. Sie achtet sehr auf ihr Äußeres und pflegt einen stillsicheren Umgangston. Sie arbeitet seit Kurzem in einem Büro mit einer Kollegin. Die Kollegin arbeitet sie die ersten Monate gut ein und scheint froh darüber zu sein, dass Maria da ist und die Arbeit geteilt werden kann. Nach ca. einem Jahr wird Maria schwer krank und muss operiert werden. Die Ärzte teilen ihr mit, dass sie erst nach vier Jahren Schonfrist als gesund eingestuft werden kann. Maria entscheidet sich bereits zwei Monate nach ihrer Operation arbeiten zu gehen. Zum Glück hat sie noch Überstunden und Resturlaubstage, die sie nehmen darf, um längere

Pausen zwischen den Arbeitsstunden machen zu dürfen.

Selbstverständlich fällt Maria krankheitsbedingt öfter als zuvor aus und da beginnen die Schikanen.

Urlaubsabsprachen werden von der Kollegin gemieden oder sie schreibt Maria vor, wann Maria in den Urlaub zu gehen hat.

Gemeinsame Tätigkeiten landen, ohne zu fragen, auf Marias Arbeitstisch.

Maria wird vor dem Vorgesetzten im direkten Gespräch von der Kollegin schlecht dargestellt, obwohl es nichts an ihrer Arbeit zu bemängeln gibt.

Die Temperatur im Büro ist immer unpassend, egal ob es warm oder kalt ist. Und Maria soll sich doch entsprechend anziehen.

Informationen und Absprachen, die auch Marias Arbeitsplatz betreffen, werden nicht weitergegeben.

Maria wird ständig vorgehalten, dass sie zu oft krank sei.

Sie wird ständig für Dinge verantwortlich gemacht, für die sie gar nicht verantwortlich ist.

Alle Gespräche, wenn sie geführt werden, passieren in einem kritisierenden, belehrenden Ton und unter vier Augen.

Und was macht der Vorgesetzte?

Er zahlt der Kollegin eine Prämie für eine gemeinsam ausgeführte Organisation eines Events aus.

Er zahlt der Kollegin sogar eine Prämie aus, wenn Maria mit ihr zwei Wochen lang Englisch übt.

Maria entscheidet sich, mit dem Vorgesetzten zu sprechen. Zunächst bittet sie ihn, die Arbeitszeit zu reduzieren und als Folge eine Aufgabe auszulagern, weil sie gesundheitlich keine 40 Stunden pro Woche mehr arbeiten kann.

Hier beginnt die Schikane seitens des Vorgesetzten. Es dauert drei Monate, bis Maria überhaupt eine Information bekommt, ob die Arbeitszeit reduziert werden kann oder nicht. Die Arbeitszeit wird dann reduziert, aber die Aufgabe nicht ausgelagert und so arbeitet Maria weiterhin 40 Stunden, bekommt aber weniger Gehalt.

Marias behandelnder Arzt stellt ihr ein Attest aus mit der Empfehlung 1-2 Tage im Homeoffice zu arbeiten, um ihre kognitiven Eigenschaften nicht durch zusätzliches Lärmgeschehen zu belasten und ihre Gesundheit weiterhin zu schonen. Daraufhin geht sie zu ihrem Vorgesetzen und ihr wird

gesagt: „Ich habe keine Lust, deine Nummer zu wählen, wenn ich dich brauche."

Maria entscheidet sich, mit ihrem Vorgesetzten die Situation mit ihrer Kollegin zu besprechen und bekommt daraufhin die Antwort: „Wir werden diese Situation nicht ändern."

Das sind überzeugende Punkte, die „Mobbing als Strategie" untermauern. Damit macht die Führungskraft klar, dass Maria als Arbeitskraft keinen Wert hat. Das Verhalten der Führungskraft zeigt eindeutig, dass kein Interesse für eine weitere Zusammenarbeit besteht.

Da alle Gespräche und Schikanen unter vier Augen passieren, hat Maria keine Chance, die Aktionen gegen sie nachzuweisen. Sie steht vor der Wahl, das Unternehmen zum Schutz ihrer Gesundheit zu verlassen oder dem psychischen Stress weiter ausgesetzt

zu bleiben. Sie entscheidet sich zu Gunsten ihrer Gesundheit und gibt ihre Kündigung ab.

Fall Nr. 2

Sandra ist eine junge Frau, die gerade ihre Ausbildung zur Industriekauffrau absolviert hat. Sie ist sehr hübsch, legt viel Wert auf ihre äußere Erscheinung und pflegt einen sehr freundlichen und höflichen Umgangston. Ihr wurde eine Arbeitsstelle als Sachbearbeiterin angeboten. Diese Stelle tritt sie sehr gern an und freut sich auf die Zusammenarbeit mit ihren neuen Kolleginnen und Kollegen. Das Team besteht zu 80% aus Damen in ihren besten 50ern.

Bereits während der Einarbeitung bekommt Sandra zusätzlich zu den Aufgaben der Stellenbeschreibung sehr einfache Tätigkeiten zugeteilt, wie Kaffee kochen, Küche

aufräumen, Konferenzräume eindecken und abräumen, Getränke nachfüllen, Ablage und Briefversand. Mit der Zeit merkt sie, dass sie durch die zusätzlichen Tätigkeiten wenig Zeit für ihre eigentliche Arbeit hat. Sie gerät unter Druck und ist gezwungen, Überstunden zu machen.

In einer Abteilungssitzung spricht sie die ungerechte Verteilung der Aufgaben an. Ihre Kolleginnen sind aber der Meinung, dass Sandra ihre Zeit besser einteilen und lernen muss, die Aufgaben zu priorisieren. Als Folge entscheidet sie sich, die wichtigen Aufgaben als Erstes zu erledigen und alles andere, wenn Zeit übrigbleibt.

Hier beginnt die Drangsalierung seitens der Kolleginnen mit Aussagen wie:

„Warum ist der Kaffee noch nicht fertig?"

„Wird die Küche heute auch sauber gemacht?"

„Hast du auch vor, die Ablage zu machen? Man findet nichts mehr…"

„Dieser Brief war sehr wichtig! Den hättest du sofort zur Post bringen müssen."

Dadurch, dass Sandra ständiger Unzufriedenheit seitens des Kollegiums ausgesetzt ist, beginnt sie, an ihren Fähigkeiten zu zweifeln. Sie bekommt Angst, in eine Interaktion mit ihren Kolleginnen zu treten und zieht sich zurück. Sie versucht, Gesprächen und Diskussionen aus dem Weg zu gehen und hat kein Vertrauen mehr in eine gute Zusammenarbeit mit dem Team. Sie stellt ihr Dasein in dieser Abteilung in Frage, macht weiterhin Überstunden und ist nicht in der Lage, aus Angst eine Entscheidung für sich selbst zu treffen. Konsequenterweise nimmt ihre Leistung sehr stark ab und ihr Vorgesetzter bestellt sie zu einem Gespräch. Sie erklärt ihre Situation und der Vorgesetzte beruft eine Abteilungs-

besprechung ein. Die Aufgaben werden neu verteilt.

Anfangs scheint der Frieden wieder hergestellt zu sein, doch mit der Zeit beginnen die Schikanen wieder.

„Sandra ist der Chefliebling!"

„Schmink dich nicht zu stark, schließlich bist du hier, um zu arbeiten, und nicht, um schön zu sein."

„Sandra kann es sich ja leisten, so ein Auto zu fahren. Ist ja der Chefliebling!"

Die Schikanen werden sehr persönlich. Sandra hört auf sich zu schminken, kleidet sich in Schwarz und das freundliche Lächeln verschwindet vollständig aus ihrem Gesicht.

Nach zwei Jahren in dieser Abteilung entscheidet sie sich, das Unternehmen zu verlassen. Der Vorgesetzte bietet ihr eine

andere Arbeitsstelle im Unternehmen an, aber sie lehnt höflich ab.

Dieser Fall zeigt uns, dass die Drangsalierungen am Arbeitsplatz oft überhaupt nichts mit dem Beruf und der Arbeit an sich zu tun haben. Frauen mobben oft auf der sozialen Ebene. Welche Ursachen können hier dazu geführt haben, dass eine junge Frau gemobbt wird? Höchstwahrscheinlich handelten ihre Kolleginnen aus Neid oder der Angst, ihr Ansehen im Team zu verlieren. Schließlich kam Sandra mit neuesten Erkenntnissen aus der Arbeitswelt in die Abteilung und es könnte sein, dass sie neue Arbeitsweisen einführt und neue Arbeitswerkzeuge einsetzt und somit zum Vorreiter in der Abteilung wird. Es kann auch sein, dass ältere Frauen oder zumindest eine von ihnen ihrer Jugend nachtrauert und es nicht ertragen konnte, dass eine junge, hübsche

Frau sie tagtäglich an die Vergänglichkeit der Schönheit erinnert.

Sandra hatte in ihrem Fall die Chance zu kämpfen, weil sie von mehreren Kolleginnen gemobbt wurde und Zeugen hatte. Sie hätte den Vorgesetzten informieren können, den Betriebsrat und den Betriebsarzt. Doch aufgrund ihrer Unwissenheit und Unsicherheit sah sie für sich keinen anderen Ausweg als zu kündigen.

Fall Nr. 3

Karim ist 45 Jahre alt, hat zwei Kinder und ist der alleinige Geldverdiener in der Familie. Er ist hochintelligent und arbeitet seit rund 20 Jahren in der IT-Branche als

Programmierer. Er bekommt ein gutes Angebot, in ein größeres Unternehmen einzusteigen mit einem weitaus besseren Gehalt. Er wechselt den Job.

Er kommt in ein sehr junges Team. Alle Kollegen sind voller Motivation, Lebensenergie und Arbeitsdurst. Nach einer kurzen Einarbeitungszeit kann er selbstständig gut seine Aufgaben erledigen, rechtzeitig seinen Arbeitstag beenden und sich den familiären Aufgaben widmen.

Seine jungen Kolleginnen und Kollegen treffen sich oft nach Feierabend auf ein Bierchen in einer Stammkneipe und unternehmen sehr gern gemeinsame Aktivitäten, wie gemeinsame Wanderungen, Messebesuche oder Ähnliches.

Selbstverständlich wird er dazu eingeladen, schließlich gehört es mittlerweile zu Abteilungsritualen, die unumgänglich sind. Karim

ist bewusst, dass er mitmachen muss, um sich besser in das Team integrieren zu können. Er geht mit und ist sehr froh darüber, dass er seine neuen Kolleginnen und Kollegen auch in einer anderen Atmosphäre kennenlernen darf. Er weiß auch, dass man sich, wenn man miteinander gut arbeiten möchte, besser kennen sollte, um die Bedürfnisse der anderen zu verstehen und auf seine Mitmenschen besser eingehen zu können. In der Abteilung gibt es einen Organisator, der für die Einladungen und Organisation der Treffen verantwortlich ist.

Eines Tages wird die Ehefrau von Karim sehr krank und Karim muss sich seiner Familie mehr widmen, um die familiären Umstände einigermaßen in den Griff zu bekommen. Er setzt die Treffen mit dem Team immer mehr aus, weil er sich um seine Kinder kümmern muss und um das Wohlergehen seiner Familie. Als Konsequenz bekommt er immer

weniger mit, welche Entwicklung es bei den Teammitgliedern gibt. Die sogenannten Insiderwitze oder bereits geflossene Informationen führen dazu, dass er immer nachfragen muss, um auf dem aktuellen Stand zu bleiben.

Karim wird leider immer mehr ausgegrenzt und als Klette abgestempelt, weil sein Nachfragen nach dem neuesten Stand als nervig eingestuft wird. Aber auch das Team interessiert sich nicht für die Situation von Karim. Das Thema *Familie* ist bei seinen jungen Kolleginnen und Kollegen noch tabu.

Als Resultat des ganzen Geschehens entwickelt sich Karim zum kompletten Außenseiter, wird nicht mehr beachtet und mit seinen Problemen, ob auf der Arbeit oder privat, alleingelassen.

Als erwachsener Mann mit sehr viel Lebens- und Berufserfahrung versucht er, sich

einzureden, dass es vorübergehend ist und sich seine Situation bald wieder ändern wird. Er versteht aber wohlwissend, dass er sich nie wieder in das Team integrieren wird, auch wenn sich seine familiäre Lage stabilisiert hat.

Karim entscheidet sich abzuwarten, bis sich die familiäre Situation zum Positiven entwickelt, und will als Nächstes versuchen, sich wieder in das Team zu integrieren. Wenn das nicht funktioniert, wird er sich einen neuen Job suchen.

Er setzt seinen Plan entsprechend um. Leider wird er vom Team nicht mehr akzeptiert, weil es kaum gemeinsame Berührungspunkte mehr gibt. Er verlässt das Unternehmen.

In diesem Fall war der Altersunterschied viel zu groß und die unterschiedlichen Lebensphasen haben auch eine große Rolle gespielt. Wahrscheinlich hat sich die Führungskraft bei der Einstellung von Karim gedacht, dass ein erfahrener Mensch Ruhe und Harmonie in die Abteilung bringen wird. Leider ist der Schuss nach hinten losgegangen. Aus diesem Grund ist es wichtig für Abteilungsleiter, ihre Mitarbeiter mit Bedacht auszuwählen. Hätte der Abteilungsleiter Karim zum Teamleiter ernannt, dann hätte diese Situation wahrscheinlich einen besseren Ausgang gehabt. Hätte die Führungskraft Karim auf das aktuelle Geschehen unter vier Augen angesprochen, hätte man das dem Team verständlich machen und um Unterstützung bitten können, anstatt Karim auszugrenzen.

Auch wenn wir oft versuchen, die Arbeitswelt von der privaten Welt zu trennen,

müssen wir feststellen, dass es nicht immer möglich ist.

In vielen Fällen macht es Sinn, offen über seine private Situation zu sprechen, vor allem in Zeiten des Wandels.

Nachwort

Es liegt auf der Hand, dass jeder Einzelne von uns eine gewisse Verantwortung nicht nur für das eigene Leben trägt, sondern auch für das Leben der Mitmenschen. Heute glaube ich nicht, dass ein Mobber ein glücklicher Mensch ist. Wenn ein Mensch bereit ist, einem anderen Menschen Probleme und Unannehmlichkeiten zu bereiten, die ihm vielleicht die Existenz kosten, dann kann der Mobber kein psychisch gesunder Mensch sein. Und es ist tatsächlich so, dass jeder von uns Schwächen und Stärken hat. Wir dürfen aber die Schwäche des anderen nicht ausnutzen, um uns besser zu positionieren. Wenn Menschen das tun, dann hat es sicherlich etwas mit dem falschen Wertesystem dieser Menschen zu tun und das wiederum oft mit den Erlebnissen in der

Kindheit. Ein Mobber ist ein Opfer seiner selbst.

Sobald wir in einem Unternehmen in einem Team aufeinandertreffen, muss jedem bewusst sein, dass die Würde der Kolleginnen und Kollegen unantastbar bleiben muss. Das ist die Verantwortung jedes Einzelnen von uns dem anderen gegenüber.

Hier müssen die Führungskräfte stark in die Verantwortung gezogen werden. Sie müssen einen Verhaltenskodex in der Abteilung einführen, um Mobbing erst gar nicht entstehen zu lassen. Nicht umsonst wurde den Führungskräften viel mehr Verantwortung zugewiesen. Sie verantworten nicht nur gute Ergebnisse der Abteilung und gute Zahlen, sondern auch qualitatives, effektives, freundliches und höfliches Miteinander. Leider ist das in unserer Welt des stark-

en Konsums in den Hintergrund gerückt und ich hoffe sehr, dass die Menschheit nun aufwacht und ihr Wertesystem neu ausrichtet.

Quellnachweise:

https://karrierebibel.de/mobbing/

https://www.baua.de/DE/Angebote/Publikationen/Schriftenreihe/Forschungsberichte/2002/Fb951.html

https://www.uni-wuerzburg.de/verwaltung/agtu/aufgaben/arbeitsschutz-und-unfallverhuetung/sonstige-themen/mobbing-am-arbeitsplatz/

https://de.statista.com/infografik/24543/befragte-zu-ihren-erfahrungen-mit-mobbing-bei-der-arbeit

Meine innere Kraft

Atme tief ein, schließ alle Sinne.

Vergiss die Sorgen um dich herum.

Schließ deine Augen und halte inne.

Vergiss deinen Kummer, frag nicht, warum.

Lass deine Sorgen hinter dir.

Denk nicht daran, wie es einst war.

Das Neue beginnt jetzt und hier,

Dein Weg ab jetzt wird hell und klar.

Du bist der Lenker deines Lebens,

Dein Schicksal ist in deiner Macht.

Du bist der Gänger deines Weges

Und du wirst sehen, das Leben lacht!

Reiß dich zusammen, steh jetzt auf.

Und denke nur noch positiv.

Dein Leben nimmt `nen guten Lauf.

Glaube daran, zerstöre es nicht.

Olesja Silkina